SAINT POTHIN

ET LA

CHAPELLE DE FOURVIÈRE

L'Église de Lyon célèbre maintenant, le IVe dimanche après Pâques, la fête de saint Pothin, son fondateur et le premier évêque des Gaules, autrefois fixée au 2 juin. Il n'est peut-être pas hors de propos de rappeler les circonstances qui constituent l'importance historique de ce martyr. Depuis quelques années, en effet, on s'efforce de l'amoindrir en nous contestant le glorieux privilége d'être la première Église de France par l'antiquité et par la dignité.

En 1811, la présidence du concile tenu à Paris ayant été dévolue au cardinal Fesch, comme parent de l'empereur, celui-ci déclara qu'il ne voulait la devoir qu'à son titre d'archevêque de l'Église la plus ancienne et la plus qualifiée des Gaules ; ce à quoi on ne s'opposa pas (1). Que les temps sont changés ! Quelques écrivains ont décidé le contraire et ont entrepris de refaire à leur guise l'histoire ecclésiastique. Pour reléguer saint Pothin et Lyon au second plan, il a fallu trouver bon gré mal gré, aux autres diocèses des fondateurs disciples immédiats de Notre-Seigneur, apparaissant par miracle un siècle plus tôt. Le mot d'ordre a été donné ; on a écrit de volumineuses compilations pour établir de problématiques missions d'apôtres envoyés à des villes sans importance au IIe siècle, et qui n'auraient laissé aucunes traces de leur passage obligé à travers les provinces dont Lyon était la métropole.

On ne tient, en celà, aucun compte de l'état politique ni de la géographie des Gaules à cette époque. Lyon était la capitale, le centre où convergeaient toutes les nationalités gauloises (2) ; elles s'y trouvaient en contact avec les races latines et asiatiques, conquérantes et commerçantes ; les lettres et les arts y étaient en honneur, et toutes les langues du monde civilisé en usage. Pour évangéliser les Gaules, il fallait qu'un évêque d'origine latine, grecque ou orientale s'établit à Lyon, avant de faire rayonner son apostolat sur les villes et les bourgades de plus en

(1) Voyez : *Aperçu sur la primatie de Lyon*, écrit, à la demande du cardinal de Bonald, par Monseigneur Lyonnet (aujourd'hui archevêque d'Alby). Lyon, Guyot, 1850.

(2) Voyez : *le Temple d'Auguste et la Nationalité gauloise*, par A. Bernard. Lyon, 1863. — *Atlas historique du département du Rhône*, par Debombourg, etc.

plus barbares à mesure qu'elles s'en éloignaient; car il était de toute nécessité d'en étudier les idiomes et les mœurs, avant de s'élancer à la conquête de l'inconnu. De ce fait découla tout naturellement la suprématie de Lyon sur les autres siéges épiscopaux, suprématie attribuée non seulement à l'importance politique de la ville, mais aussi à la priorité de sa conversion au christianisme. Tout s'explique aisément alors, et tout s'obscurcit si l'Église de Lyon n'est plus qu'une des dernières venues.

Or, ces recherches sur les origines de la Gaule chrétienne ne datent pas d'aujourd'hui. Des écrivains plus laborieux et plus doctes que les modernes, tout aussi pieux mais plus prudents, aidés par les richesses archéologiques et diplomatiques perdues dans la tourmente révolutionnaire, avaient fixé ces origines, les avaient dépouillé des obscurités du moyen-âge. Faut-il de nouveau les y replonger, pour satisfaire une réaction inconsidérée contre la grande individualité du diocèse de Lyon, pour sacrifier, même aux dépens de l'exactitude historique, à une manie d'uniformité et de centralisation? L'histoire si claire et si bien suivie qui rattache le siége de Lyon à l'Église de Smyrne et soumet la presque totalité des autres siéges à sa priorité est gênante pour certaines ambitions. Il faut faire table rase des traditions et des faits authentiques, scinder ce qui était uni depuis tant de siècles. Ce travail s'opère d'une manière uniforme ; on se passe de titres positifs, ils n'existent pas. On entasse pêle-mêle une masse effrayante de textes sans valeur, avec un étalage d'érudition qui en impose, et, trop souvent, le lecteur abasourdi ne songe pas à contrôler ces assertions, à peser ces raisons dans la balance du sens commun, et conclut que tous les savants du XVIIe siècle étaient de pauvres écoliers auprès des modernes auxquels un an ou deux et un article de journal suffisent pour anéantir les *in-folio* des Bénédictins.

Saint Pothin, le premier évêque de Lyon, était grec. Il fut envoyé jeune dans les Gaules par saint Polycarpe, évêque de Smyrne, disciple de saint Jean l'évangéliste, vers l'an 140 ou 152 de l'ère chrétienne. Saint Polycarpe lui envoya pour le seconder saint Irénée, qui fut son successeur, saint Bénigne, saint Andoche et saint Thyrse qui allèrent évangéliser la Bourgogne et fondèrent les Églises d'Autun, Langres, Châlons et Dijon. Le P. Colonia en parle en ces termes dans son *Histoire littéraire de Lyon*, tome 1, p. 72 et 154 :

« Saint Pothin, notre premier évêque et le premier apôtre des Gaules. »

« La tradition véritable et constante de l'Église gallicane, est que la religion n'a été annoncée dans les Gaules que dans le IIe siècle, et que nos quarante premiers martyrs de Lyon ont eu la gloire d'y mourir les premiers pour Jésus-Christ. C'est ce que Sulpice Sévère nous assure si positivement dans le 2e livre de son histoire. »

Saint Grégoire de Tours, l'historien le plus ancien que l'on puisse invoquer dans les questions relatives aux origines de l'Église de France, et qui devait connaître surtout celle de l'Église de Lyon, par son grand-oncle saint Nizier, exprime la même opinion. En parlant de saint Clément, troisième pape, martyr sous Trajan, il ne fait aucune mention d'apôtres envoyés par lui dans les Gaules, mais il cite le martyre de *saint Photin,* premier évêque de Lyon, sous l'empire d'Antonin ; puis il ajoute que, sous l'empire de Dèce, c'est-à-dire vers l'an 250, sept évêques furent envoyés dans les Gaules, comme l'*Histoire de la Passion* de saint Saturnin martyr le raconte. Ces sept furent : Saint Saturnin à Toulouse, saint Gatien à Tours, saint Trophyme à Arles, saint Paul à Narbonne, saint Denys à Paris, saint Austremoine en Auvergne et saint Martial à Limoges. On ne peut être plus précis et plus affirmatif, et des allégations postérieures et isolées ne pourraient détruire l'autorité de saint Grégoire qu'autant qu'elles seraient appuyées par des titres plus anciens que lui et d'une authenticité irrécusable.

Mézeray dit également : « Photin, évêque de Lyon, est le plus ancien évêque dont on ait quelque monument bien authentique (1). »

Quant aux autres Églises, cet auteur avoue, que l'on est obligé, pour remonter à leur fondation, de recourir à des légendes mêlées de choses fabuleuses et très-souvent de la plus complète invraisemblance, comme celle qui confond saint Denis, évêque de Paris, avec saint Denis l'Aréopagite. Un peu de réflexion suffit pour apercevoir tout ce qu'aurait d'ex-

(1) Mézeray, *Histoire de France avant Clovis.* Amsterdam, 1692, page 413.

traordinaire l'identité de ces deux personnages. Saint Denis l'Aréopagite, du fond de la Grèce, aurait deviné l'existence d'une bourgade à demi barbare, aurait traversé les Gaules pour aller y établir un évêché, sans se soucier des régions intermédiaires plus favorables à son apostolat où il pouvait rencontrer au moins des néophytes et un langage intelligible, sans que ces régions aient conservé la trace de son passage. La grande érudition et la critique éclairée des hagiographes du XVIIe siècle, avaient écarté du domaine de l'histoire toutes les prétentions à une origine merveilleuse mais contestable. Il n'existe qu'un document positif, authentique et contemporain sur le premier âge du christianisme dans les Gaules. Ce document constate l'existence et l'apostolat de saint Pothin, et rien autre. C'est la lettre des chrétiens de Lyon et de Vienne aux chrétiens d'Asie, lettre attribuée à saint Irénée et conservée en partie dans Eusèbe. Le premier concile de Lyon, tenu au IIe siècle, ne fait mention que d'un seul évêque des Gaules, de saint Irénée, qui le présidait. Un des plus savants investigateurs du passé, M. Amédée Thierry, a donc pu écrire avec raison : « Lyon eut l'honneur de donner, non seulement à la Gaule, mais à tout l'occidént barbare, sa première Eglise. »

Outre les auteurs que nous venons de citer, on peut consulter encore sur ce sujet : *Gallia Christiana*, t. 1, p. 400; la *Vie des Saints*, de Baillet; les *Tablettes chronologiques*, de Marcel ; l'*Etat de la France*, de Boulainvilliers ; l'*Histoire du diocèse de Lyon*, de de Lamure, page 12; les *Tablettes chro-*

nologiques de Langlet-Dufresnoy. —*Dictionnaire historique* de l'abbé Chaudon, 1774. Selon cet auteur, Hilduin, abbé de Saint-Denis au IXe siècle, fut le premier qui avança que saint Denis était le même que l'Aréopagite, et confondit ainsi des saints morts à deux siècles d'intervalle. « Cette opinion, dit-il, maintenant est réprouvée même par les légendaires les plus crédules. » Mais cette opinion, énoncée d'abord pour donner du relief à son abbaye, s'accrédita dans la suite à cause de la prépondérance de Paris devenu capitale, et de saint Denis adopté pour patron de la monarchie. Cette généalogie fabuleuse donnée à l'Église de Paris était tout à fait analogue aux généalogies inventées pour les rois de France, et que longtemps on accueillit sans rire, sur la foi de quelques hérauts d'armes. Au reste, l'Eglise tint peu de compte de ces prétentions d'une Église particulière sans appui dans l'histoire, puisqu'elle laissa Paris à l'état de simple évêché jusqu'au XVIIe siècle, et ce siége eût été une métropole dès le commencement, si son origine eût précédé celle des autres. Les légendes et les traditions du genre de celle que nous contestons sont néanmoins respectables, utiles même en ce qu'elles peuvent mettre sur la trace de faits inconnus ou dénaturés ; mais il ne faut pas en exagérer la valeur et les imposer comme des vérités acquises.

Pendant l'octave de la fête de saint Pothin, des messes basses se disent au modeste autel de la grotte qui lui servit de prison. Ne semble-t-il pas que de tous les points du diocèse, de toutes les extrémités de l'occcident catholique on devrait accourir à ce caveau, berceau de la foi? Il n'en est rien. Quelques rares visiteurs y pénètrent, la foule passe indifférente ou ignorante, et pourtant que de souvenirs, et qu'une messe, célébrée dans un lieu témoin de l'héroïsme de nos martyrs, est plus capable d'élever l'âme et de fortifier les cœurs que toutes les décorations prétentieuses et les dévotions à grand orchestre.

En lisant le rapport de la Commission de Fourvière, en songeant à ce projet d'écraser le sommet de la sainte colline par un édifice de six millions, nous pensions qu'un monument splendide serait bien mieux placé au-dessus de la prison de saint Pothin : ce serait comme une restitution de la basilique des Machabées dont Sidoine Apollinaire célébra la magnificence. On ne gâterait rien en cet endroit, ni perspective, ni vieilles murailles passées à l'état de reliques. La grotte intacte sous le maître-autel comme *confession* deviendrait d'un abord plus facile. Peu de constructions à enlever pour faire place au nouvel édifice, elles n'ont pas d'importance artistique, sauf le portail extérieur aux armes des Buatier qui pourrait être maintenu.

Il est bien entendu que l'on se tiendrait soigneusement en garde contre la gothicomanie. Toute apparence de style ogival serait déplacée à cette hauteur, avec cet horizon, et cet entourage, et les reflets d'un passé tout romain. Cela coûterait cher, dira-t-on. Qu'importe, puisqu'aujourd'hui on badine avec les millions comme autrefois avec les gros sous. Voilà un projet, tout le monde en fait, un de plus ne tire pas à conséquence ; on n'a jamais tant parlé d'art monumental que depuis que l'on ne fait plus de monuments. Je demande qu'on l'examine et ne l'impose pas.

M. Meynis a fait aux projets de la Commission de Fourvière une réponse catégorique, complète et qu'on ne réfutera pas. Tous les points en litige y sont traités. Je crois pourtant, et ceci n'est qu'une opinion particulière, que M. Meynis n'accorde pas assez d'importance au souvenir de saint Thomas, à la nef qui porte son nom et aux liens qui rattachent cet édifice vénérable à la fondation du Chapitre de Fourvière. Ce que nous devons tenir à conserver, c'est non seulement le sanctuaire miraculeux de la sainte Vierge, mais ce Chapitre tout lyonnais par son origine, son organisation et son attachement aux traditions de la primatiale.

Fourvière n'appartient pas à un propriétaire particulier jouissant du droit *uti et abuti*, pouvant, sans être justiciable de l'opinion publique, modifier, détruire, reconstruire, embellir ou gâter, mettre un chalet à la place d'une chapelle, substituer une corporation monastique ou une congrégation laïque à un Chapitre. Fourvière est à l'Eglise de Lyon, c'est le patrimoine de tous les catholiques du diocèse. La colline fut donnée à l'Eglise en 850 par l'empereur Lothaire, et l'on peut voir dans le livre très-complet et très-exact de l'abbé Cahour, comment Fourvière revint à l'Eglise après la tourmente révolutionnaire. Tout se tient dans de merveilleuses chroniques, les scinder c'est détruire Fourvière ou du moins préparer sa décadence; supprimer le souvenir de saint Thomas c'est effacer en quelque sorte un des caractères spéciaux de la dévotion de Fourvière. Le Chapitre fut fondé en effet en 1192 par l'archevêque Jean de Bellesmes en l'honneur de la sainte Vierge et de saint Thomas, augmenté en 1263 par l'archevêque Philippe de Savoie et reconstitué en 1806 par le cardinal Fesch. Au reste, il est inutile de répéter ce que d'autres ont dit avant nous et mieux que nous. Venez et voyez, vous que possède la manie des innovations. Pensez sept fois avant de mettre en œuvre la pioche et le marteau. Vous aurez un monument, c'est possible à la rigueur, quoique douteux, monument superbe ou avorté, là n'est pas la question : ce monument parlera-t-il à nos cœurs, réveillera-t-il nos souvenirs, consolidera-t-il notre affection à la patrie lyonnaise et à notre divine Protectrice, comme nos vieilles masures ? Ce sera beau, si vous le voulez, mais ce ne sera plus Fourvière, le Fourvière de nos pères, toujours ancien et toujours nouveau, parce que rien ne s'y est modifié brusquement et que sa généalogie, que vous voulez recommencer à un premier degré, marche sans interruption apparente, grâce aux pierres noircies depuis l'époque mémorable de sa fondation.

Une autre brochure a été publiée, signée de M. Vays. C'est un dithyrambe en l'honneur de M. Bossan. A ce point de vue nous n'aurions pas à nous en occuper; nous sommes tout prêt à unir nos louanges aux siennes et à proclamer la science, le goût et surtout le génie créateur de M. Bossan. Mais il ne s'agit pas de savoir si les plans exposés sont beaux ou défectueux. Ne nous laissons pas détourner par cet appât de splendides dessins. La question, la voici : Faut-il prendre un parti radical à l'égard de la chapelle (que l'on suppose insuffisante et comme ruinée), en faire une toute nouvelle, un monument du XIXe siècle dont aucune racine ne viendra se confondre avec les débris des siècles précédents ? Pour rester à ce point de vue, que nous croyons être le vrai, nous n'avons pas même voulu voir les plans, nous ne les critiquerons pas, ils nous sont inconnus. En second lieu, et malgré cette divergence sur le principe, M. Vays effleure, en passant, les idées que nous défendons, et émet des appréciations artistiques dont la justesse nous semble contestable. Ainsi, pour justifier la grandeur du projet et l'énormité des dépenses qui en seraient la suite rigoureuse, il invoque le souvenir des grandes cathédrales du moyen-âge. Or, ce souvenir est précisément la condamnation de ces entreprises hors de proportion avec des besoins réels, dues plutôt à un sentiment de vanité qu'à un élan de la foi. Les grandes cathédrales sont désertes aujourd'hui, plusieurs ont peine à se soutenir, les unes ne sont pas achevées, les autres le sont dans un style différent ; et à coup sûr, là où elles ont remplacé des églises romanes, nous pouvons à bon droit regretter leur érection, cet ingénieux système et cette fantasmagorique ornementation de la période ogivale ne peuvent remplacer des édifices consacrés par des saints et des martyrs, des murs témoins et preuves des origines du christianisme. Et le nouveau Fourvière, si on l'entreprend, quels sont ceux qui pourront le contempler fini et complet? Les générations passent vite. Après la Commission actuelle, après l'éminent architecte qui voit en songe ses plans réalisés, viendront d'autres Commissions et d'autres architectes; on ne respectera pas les plans dont nous jugeons le style irréprochable. Cela s'est toujours passé de la sorte, et cette loi fatale de l'incertitude des choses humaines est marquée au front de tous les monuments. Peut-être aussi nos arrière-neveux, se jugeant incapables d'achever un ouvrage au-dessus de leurs forces, l'abandonneront-ils pour en faire un autre à leur guise; et les travaux passeront à l'état de ruine sans avoir été un monument.

Et pourquoi adresser un reproche à l'attachement des *vieillards* pour les souvenirs d'enfance? Cet attachement est respectable; il est la force des sociétés et le lien des familles. Malheur à ceux dont la jeunesse n'est pas soudée à des existences antérieures par des liens de respect, *proles sine matre creata.* Cette jeunesse ne sait ni d'où elle vient ni où elle va, et comme elle n'a pas d'ancêtres elle n'a pas de descendants. Ceux qui ont lu les précédents écrits de M. Vays s'étonneront de ce dédain subit pour le *prestige des choses anciennes.* Quant à la plus grande somme de bien-être matériel que l'on recherche au moyen d'une église neuve, il faut en envisager de suite toutes les conséquences. Ce n'est pas tout de faire un vaste édifice, il faut y arriver commodément par de larges avenues, par des pentes adoucies et des chemins conformes au progrès. Il faut arriver rapidement : voyez-vous surgir, derrière vos projets, le projet d'un chemin de fer et d'une gare *confortable*, chassant la paix et la solitude, détruisant le pittoresque, détruisant les dernières retraites de la prière, amenant sur les flancs de la montagne sainte une foule désœuvrée, bruyante et souvent licencieuse ! Que devient le pèlerinage ? Mais pourquoi se gêner et prendre une demi-mesure ? Malgré le chemin de fer, Fourvière est encore trop haut ; vous croyez pouvoir déplacer la Madone miraculeuse ; transportez-la dans un lieu plus accessible, et supposez, puisque les hypothèses ne coûtent rien, supposez que l'on bâtisse en l'honneur de Notre-Dame une église de trente millions, une huitième merveille du monde, sur un des côtés de la place Bellecour ; il y aura place pour toute la population, l'art y sera poussé à ses dernières limites, on y emploiera le fer et la fonte comme à Saint-Eugène, on l'éclairera au gaz comme Saint-Bonaventure, les équipages pourront circuler et stationner, et des squares en égaieront le pourtour. Et la piété....., n'en parlons plus. Il ne s'agit pas de cela, mais plutôt de lutter avec *Marseille, Lille* ou *Bordeaux*, à qui dépensera le plus, lutte d'amour-propre et voilà tout. Si l'on nous disait : A Notre-Dame-de-la-Garde, les communions sont plus fréquentes, les conversions plus sincères, la charité plus ardente, il y aurait à réfléchir. Mais on nous dit : A Notre-Dame-de-la-Garde, il y a à profusion *des marbres rares et des métaux précieux*, comme on dirait : les *courses* de chevaux sont plus brillantes et les toilettes de meilleur goût.

Qu'est-ce que cela prouve ? Que les Marseillais ont plus d'argent que nous. Questions d'argent, questions d'embellissements destinés à retenir les touristes et à augmenter les recettes de l'octroi ; hâtons-nous d'en sortir, elles ne sont ni de notre goût ni de notre compétence et complètement étrangères au sujet qui nous occupe.

Autre paradoxe : *De la contemplation muette d'un chef-d'œuvre, il ne peut surgir que de salutaires pensées et de généreuses résolutions.* On peut aimer les arts et ne pas adopter tout ce qu'il y a de plus absolu dans cette formule. Sans doute, l'art émane quelquefois d'une idée religieuse, et son influence alors peut être salutaire ; mais l'idée religieuse n'est jamais le produit d'une œuvre d'art; penser autrement, ce serait prendre l'effet pour la cause ou réduire la religion à des émotions passagères, produisant des *pensées* et nullement des *résolutions*.

Oui, cette *architecture sans nom* des vieilles églises nous émeut, non parce qu'elle est décrépite et *discordante*, mais parce que sous ces *nefs boiteuses* se sont opérés des miracles, et que sur ces dalles moisies et usées se sont agenouillés nos pères. Dans un siècle, dit-on, la nouvelle église aura aussi ses légendes et ses merveilleuses histoires. Des légendes, non, à coup sûr, on n'en fabrique pas à volonté. Quant aux merveilles de la protection divine, nous espérons bien qu'elles ne nous feront pas défaut, mais nous préférons un passé certain à un avenir problématique. Ses *ex voto*, témoignage naïf et sublime de la foi et de la reconnaissance, sublime précisément parce qu'il est *trivial*, on les reléguera dans une chapelle à part ; cela équivaut à une prohibition, et cette prohibition que l'on n'avoue pas, est une conséquence de la pensée artistique qui domine dans le projet. Dans un monument correct, fini, complet, il ne peut y avoir de place pour de médiocres peintures ; ce serait une faute grave pour un édifice conçu et exécuté d'un seul jet, où rien n'excuse de pareilles antithèses. — L'église est un chef-d'œuvre, on ne doit y exposer que des chefs-d'œuvre, tant pis pour ceux qui ne peuvent les payer. De même, on ne devra prier que dans un langage approuvé par l'Académie et chanter selon les meilleures méthodes. Si l'on proscrit les enluminures, pourquoi tolérer le prédicateur dont la voix est nazillarde, ou le prêtre qui détonne à la préface.

Est-ce bien sérieusement que M. Vays s'extasie sur les quatre étendards flottant sur les tours et évoque les souvenirs du forum de *Trajan*? Quatre étendards pour désigner un temple chrétien, cela est nouveau, mais fort usité partout ailleurs. Il n'est pas d'établissement destiné au plaisir qui n'en use et n'en abuse : guinguettes, cirques, exhibitions quelconques se servent de bannières, de mâts et de banderoles. Rayons vite ce procédé peu convenable ; c'est une distraction de dessinateur, et à coup sûr M. Bossan ne voudrait pas compromettre sa réputation pour un pareil enfantillage; laissons aussi le *forum de Trajan* dont ni les uns ni les autres ne connaissons les dimensions, la forme et l'aspect, et qui n'avait pas plus de rapport avec une église que la colonie de Plancus avec les Lyonnais du XIXe siècle.

Et comme tout ce que nous pouvons dire et écrire n'est, après tout, que l'expression d'une opinion personnelle, qu'une note sans valeur si elle n'est pas consonnante avec les autres notes du concert chrétien, si elle n'est pas soutenue par une voix ayant autorité, citons cette autorité; en peu de mots, elle résume et clôt le débat, et nous aurions pu nous borner à l'invoquer si la discussion n'avait pas été ouverte :

« Nous ne pouvions penser à remplacer le sanctuaire actuel par une église plus vaste; les ressources nous auraient manqué pour exécuter ce projet, et puis nous aurions craint de contrister les fidèles en détruisant une chapelle où ils ont reçu de si fréquents témoignages de la protection de Marie. »

Circulaire de S. E. le cardinal-archevêque de Lyon à MM. les curés du diocèse, en date du 18 mars 1850.

H. Morel de Voleine.

Lyon.—Typ. Vingtrinier.

www.ingramcontent.com/pod-product-compliance
Lightning Source LLC
LaVergne TN
LVHW010824150926
848035LV00047BA/1306

www.ingramcontent.com/pod-product-compliance
Lightning Source LLC
LaVergne TN
LVHW021529140926
848035LV00047B/1272